AF473019

J. SAUMUR
…e de 1re classe d'état-major, Officier d'Académie

TROUBLES ET ÉMEUTES

RECUEIL DES DOCUMENTS OFFICIELS

INDIQUANT LES

Mesures à prendre par les autorités civiles et par les autorités militaires.

(Extrait de l'Encyclopédie militaire.)

PARIS
HENRI CHARLES-LAVAUZELLE
Éditeur militaire
10, Rue Danton, Boulevard Saint-Germain, 118

(MÊME MAISON A LIMOGES)

TROUBLES ET ÉMEUTES

J. SAUMUR

Archiviste de 1re classe d'état-major, Officier d'Académie

TROUBLES ET ÉMEUTES

RECUEIL DES DOCUMENTS OFFICIELS

INDIQUANT LES

Mesures à prendre par les autorités civiles et par les autorités militaires.

(Extrait de l'*Encyclopédie militaire.*)

PARIS

HENRI CHARLES-LAVAUZELLE

Éditeur militaire

10, Rue Danton, Boulevard Saint-Germain, 118

(MÊME MAISON A LIMOGES)

OUVRAGES DU MÊME AUTEUR :

(*Henri Charles-Lavauzelle, éditeur.*)

Memento militaire (4e édition). — Volume in-4° de 536 pages, broché.................. 7 50
Relié pleine toile gaufrée.................. 10 »

Dictionnaire du recrutement (2e édition). — Volume grand in-8° de 976 pages, broché. 10 »
Relié pleine toile gaufrée.................. 12 »

Fêtes et cérémonies (2e édition). — Volume in-8° de 144 pages, broché.................. 2 »

Pensions et secours. — Volume in-8° de 348 pages, broché .... 5 »

Recueil des documents officiels concernant les décorations. — Volume in-8° de 400 pages, broché.................. 5 »
Relié pleine toile gaufrée.................. 6 50

Recueil des lois, décrets et instructions concernant les fils et filles de militaires. — Volume in-8° de 144 pages, broché... 2 50

Emplois civils réservés aux officiers (2e édition). — Volume in-8° (actuellement sous presse).................. 5 »

TROUBLES ET ÉMEUTES

PREMIÈRE PARTIE.

Extrait du décret du 4 octobre 1891
sur le service dans les places de guerre
et les villes ouvertes.

CHAPITRE PREMIER.

ATTRIBUTIONS DU COMMANDEMENT.

Du commandement des places de guerre et des villes ouvertes. — Droit au commandement.

DISPOSITIONS GÉNÉRALES.

Art. 2. — Le commandement d'une place de guerre ne peut être exercé que par un officier né ou naturalisé Français et servant au titre français.

Ce commandement ne peut pas être

exercé par un militaire ayant rang d'officier, appartenant à un corps ou à un personnel ayant une hiérarchie propre, lors même que les grades dont leurs membres peuvent être revêtus correspondent à ceux de la hiérarchie militaire.

Service de garnison. — Par qui dirigé.

Art. 4. [Nouvelle rédaction (décret du 7 avril 1898).] Le service de garnison est dirigé, dans les places de guerre comme dans les villes ouvertes, par un officier portant le titre de commandant d'armes. Celui-ci est l'officier le plus ancien de la garnison dans le grade le plus élevé, quelles que soient son arme et ses fonctions, sous la réserve de l'exclusion prévue au deuxième paragraphe de l'article 2.

En raison de leurs attributions spéciales, les généraux inspecteurs permanents de cavalerie ainsi que les officiers de gendarmerie n'exercent pas les fonctions de commandant d'armes.

Dans les places de guerre qui sont le siège d'un commandement supérieur de la défense, les fonctions et les attributions de commandant d'armes sont conférées, à grade égal, à l'officier désigné comme commandant supérieur de la défense.

Le commandant d'armes est aidé dans les détails de ce service par des officiers de la garnison, désignés à cet effet, et, en outre, dans les places de guerre les plus importantes, par des officiers ou employés militaires attachés spécialement à ces places.

Commandement provisoire.

Art. 8. — Quand la place est en état de guerre ou de siège, si, pour une cause quelconque, le gouverneur ou commandant est empêché de remplir ses fonctions, il est remplacé par le plus élevé en grade ou, à égalité de grade, par le plus ancien des officiers de la garnison appartenant ou ayant appartenu comme officier à l'armée active, à l'exclusion de tout autre officier, même d'un grade plus élevé, qui se trouverait éventuellement dans la place ou dans le fort.

L'officier qui remplace le gouverneur en a les droits et les devoirs.

En temps de paix, lorsque le commandant supérieur de la défense s'absente, ses fonctions de commandant du territoire et de gouverneur, s'il y a lieu, sont remplies par son adjoint, si ce dernier est officier général, ou, dans le cas contraire, par l'officier de la garnison de défense qui, par son grade ou son ancienneté, occupe dans la place le premier rang, sans distinction d'arme ou de fonction.

COMMANDANT D'ARMES.

Attributions du commandant d'armes.

Art. 16. — Le commandant d'armes relève hiérarchiquement du commandant territorial dans les conditions prévues à l'article 31. Il est informé, par ses soins, de tous les exercices et prises d'armes des troupes de la garnison qui ne seraient pas prévus par les tableaux de service journalier.

Il détermine, de concert avec l'autorité civile, s'il y a lieu, les publications et les défenses qui regardent les troupes; il règle avec elle les mesures de police qui intéressent en même temps les habitants et les militaires; il défère à ses réquisitions, lorsqu'elles ont pour objet d'assurer l'exécution des lois ou le maintien de la tranquillité publique.

Art. 177. — Les commandants d'armes des citadelles, forts et postes militaires font droit aux réquisitions légales de l'autorité civile pour le maintien de l'ordre, et fournissent des troupes pour les cas d'incendie, d'inondations ou autres calamités, mais en prenant toutes les précautions que réclame la sûreté de leurs postes.

Instructions écrites pour le cas de troubles intérieurs.

Art. 18. — Il donne des instructions écrites pour les cas d'alarme et d'incendie, et en prévision des réquisitions de l'autorité civile pour le cas de troubles intérieurs.

Ces instructions font connaître le rôle assigné aux troupes des casernes et des postes de la place, les lieux où doit s'opérer leur rassemblement et les dispositions à prendre pour protéger les établissements militaires et civils.

Ces instructions précisent notamment les circonstances dans lesquelles les postes, suivant leur position, leur objet et leur force, doivent se replier sur d'autres ou se défendre sur place jusqu'à la dernière extrémité.

Elles doivent recevoir l'approbation du général commandant le corps d'armée, qui en rend compte au Ministre.

Adjudants de la garnison.

Art. 29. — Les adjudants de la garnison secondent le major dans la surveillance de tous les détails du service.

Tous les matins, à l'heure du rapport, ils se trouvent à la salle du rapport de la place et reçoivent les ordres du major.

En tout temps, ils sont tenus de l'informer sur-le-champ des événements importants qui parviennent à leur connaissance.

RAPPORTS DU COMMANDANT D'ARMES AVEC LES AUTORITÉS MILITAIRES.

Rapports avec le général commandant le territoire.

Art. 31. — Le commandant d'armes correspond par la voie hiérarchique avec le général commandant le territoire.

Dans le cas où le commandant d'armes est supérieur par le grade ou par l'ancienneté au commandant des subdivisions de région, il adresse néanmoins à celui-ci tous les documents qu'il doit faire parvenir au commandant du corps d'armée. Le commandant des subdivisions de région, après avoir pris connaissance des documents qui lui sont envoyés, se borne à les transmettre par la voie hiérarchique et sans observations au commandant de la région territoriale.

RAPPORTS DU COMMANDANT D'ARMES AVEC LES AUTORITÉS CIVILES.

Relations entre les différentes autorités.

Art. 164. — La prise de possession du commandement par les officiers appelés à l'exercer dans les places de guerre et les villes de garnison est toujours notifiée par le général commandant la région territoriale au préfet, qui en informe les autorités civiles intéressées.

Police civile.

Art. 165. — La police civile est exercée dans les places de guerre et les villes de garnison par les fonctionnaires de l'ordre civil chargés de veiller au maintien de la tranquillité publique et à l'observation des lois et règlements de police. L'autorité militaire ne peut intervenir que lorsqu'elle en est requise, dans les circonstances ou sous les conditions déterminées par le présent règlement (art. 166 et suivants).

Réciproquement, l'autorité civile ne peut s'immiscer dans les actes de la police militaire.

Les dispositions de police civile auxquelles la garnison doit se conformer sont communiquées officiellement au commandant d'armes, qui en donne connaissance aux troupes, les fait afficher, au besoin, dans les bâtiments militaires, après y avoir mis son visa, et s'assure qu'elles sont observées.

Les dispositions de police militaire dont l'observation s'étend aux habitants ou les intéresse sont communiquées par le commandant d'armes à l'autorité civile, qui en informe le public.

Mesures communes à la police civile et à la police militaire.

Art. 166. L'autorité civile et le commandant d'armes doivent régler de concert les mesures de police civile ou militaire auxquelles les troupes et les habitants sont respectivement intéressés.

CHAPITRE II.

SERVICE DES GARDES DANS LEURS POSTES.

Service du chef de poste.

Art. 61. — Le premier devoir d'un chef de poste est de prendre connaissance des consignes affichées dans les corps de garde et de donner aux sergents et aux caporaux les explications dont ils ont besoin pour les exécuter.

Maintien de l'ordre public. Informations à prendre. — Réquisitions. Arrestations.

Art. 63. — En vue des éventualités qui peuvent se produire, les adresses du bureau de la place, du chef du génie, du commissaire de police du quartier, des médecins les plus voisins, des casernes ou postes les plus rapprochés, et celles des postes des sapeurs-pompiers et des agents de police sont affichées dans le poste par les soins du major de la garnison. Tout chef de poste, en arrivant au corps de garde, doit les réclamer si elles manquent.

Les chefs de poste ne doivent pas perdre de vue que la force armée est essentiellement protectrice de l'ordre public, des personnes et de la propriété. En conséquence, ils prêtent main-forte pour l'arrestation des individus signalés comme délinquants et des perturbateurs de l'ordre lorsqu'ils en sont requis par les officiers de police ou leurs agents. Dans aucun cas, ils ne marchent eux-mêmes et ne dégarnissent leur poste de plus de la moitié de sa force.

Ils doivent protéger toute personne

dont la sécurité est menacée. Ils font arrêter, conformément à l'article 106 du Code d'instruction criminelle, les individus poursuivis par la clameur publique ou surpris en flagrant délit.

Ils reçoivent tout individu qui est amené à leur poste par les agents de police. Ces agents doivent faire connaître le caractère public dont ils sont revêtus. Ils écrivent et signent leur réquisition sur le rapport.

Toutes les fois que les chefs de poste ont été dans le cas de faire procéder à une arrestation sur l'avertissement ou la plainte d'un tiers, sans l'intervention d'un officier de police, ils prennent note des noms, professions et demeures des plaignants et en font mention dans leur rapport.

Si un inconnu réclamait l'assistance de la garde pour arrêter une autre personne, en raison d'un dommage ou d'un délit qui ne serait pas bien constaté, le chef de poste les ferait conduire immédiatement l'un et l'autre devant le commissaire de police.

Tous les individus arrêtés sont conduits le plus tôt possible au bureau de la place s'ils sont militaires, ou devant le commissaire de police s'ils sont civils; le chef de poste fait connaître par écrit les motifs et toutes les circonstances des arrestations.

Quand le bureau de la place ou le bureau du commissaire de police sont fermés, les individus arrêtés pendant la nuit sont maintenus au violon du poste et ne peuvent communiquer avec qui que ce soit au dehors. Ils sont particulièrement surveillés et sont conduits, au point du jour, au bureau de la place ou chez le commissaire de police.

Les militaires et autres qui ont été arrêtés en état d'ivresse ne doivent être conduits soit au bureau de la place, soit chez le commissaire de police, que lorsque leur ivresse a cessé.

Quand des rassemblements se sont formés à l'occasion d'une arrestation et si, d'après les dispositions de la foule, le chef de poste juge que les personnes arrêtées ne peuvent être conduites avec sûreté par la force à ses ordres, il les fait garder au poste et en informe le major de la garnison.

Responsabilité du chef de poste quant au maintien de l'ordre public.

Art. 64. — Les commandants des gardes, piquets et patrouilles ne doivent pas perdre de vue les conditions de responsabilité, à l'égard du maintien de l'ordre public, que leur impose l'article 234 du Code pénal, ainsi conçu :

« Tout commandant, tout officier ou sous-officier de la force publique qui, après avoir été légalement requis par l'autorité civile, aura refusé de faire agir la force sous ses ordres, sera puni d'un emprisonnement d'un mois à trois mois, sans préjudice des réparations civiles qui pourraient être dues. »

Les autorités civiles qui sont en droit de faire des réquisitions sont : les préfets, les sous-préfets, les maires, les adjoints aux maires, les procureurs généraux près les cours d'appel, les procureurs de la République près les tribunaux de première instance et leurs substituts, les présidents de cours ou de tribunaux, les juges d'instruction, les juges de paix et les commissaires de police.

Dans les cas urgents, les officiers et

sous-officiers de gendarmerie peuvent requérir directement l'assistance de la troupe, qui est tenue de déférer à leurs réquisitions et de leur prêter main-forte.

Les réquisitions doivent être faites par écrit, rédigées de manière à mettre en évidence leur motif et leur objet, et être signées par l'autorité requérante.

Mais en obtempérant aux réquisitions des fonctionnaires chargés de l'exécution des lois et des règlements de police, les chefs de poste restent libres d'adopter telles dispositions militaires proprement dites que l'objet des réquisitions leur paraît exiger.

Le présent article est affiché dans tous les corps de garde.

Rixes et querelles des militaires dans l'intérieur des établissements publics et des établissements particuliers.

Art. 65. — Si un chef de poste est informé que des désordres d'une nature sérieuse, causés par des militaires ou dont des militaires seraient victimes, se produisent dans un cabaret, un café ou tout autre lieu public, il y envoie un sous-officier ou un caporal avec le nombre d'hommes nécessaire pour protéger les militaires menacés.

Si ces désordres se produisent dans une maison, le chef de poste y envoie un détachement. Mais il ne peut y entrer sans la réquisition de l'occupant ou sans l'assistance d'un commissaire de police, à moins que les cris : « Au feu ! A l'assassin ! Au voleur ! Au secours ! » ne se fassent entendre de l'intérieur.

Règles pour faire conduire des personnes arrêtées ou faire escorter des prisonniers.

Art. 66. — Toutes les fois que le commandant d'une garde ou d'un piquet doit faire conduire des personnes arrêtées, ou qu'il a été requis par l'autorité compétente pour faire escorter des prisonniers, il se conforme aux règles suivantes :

L'escorte se compose toujours d'un nombre de soldats double du nombre des individus à conduire. Une escorte de deux à huit soldats est commandée par un caporal ; au-dessus de ce nombre, elle est commandée par un sergent auquel le caporal reste adjoint. Elle est toujours en armes.

Le commandant de la garde ou du piquet, hors le cas d'empêchement absolu, assiste de sa personne à l'extraction des prisonniers et à leur remise à l'escorte. Il rappelle au chef de l'escorte qu'aux termes de la loi il demeure responsable de leur évasion et qu'il peut, pour ce fait, être traduit devant un conseil de guerre.

Dispositions militaires à prendre par les escortes.

Art. 67. — Les hommes commandés pour le service d'escorte sont choisis de préférence parmi les anciens soldats; ils marchent de manière à envelopper les prisonniers; si l'escorte est commandée par un caporal, il se place à la queue de la colonne; si elle est commandée par un sergent, le caporal prend la tête et le sergent se place à la queue de la colonne ou reste en observation sur l'un des flancs pour diriger les mouvements.

Les agents qui ont opéré les arrestations doivent d'ailleurs, autant que possible, conduire eux-mêmes les individus arrêtés, sous la protection de l'escorte, qui a surtout pour objet de prêter main-forte et d'empêcher les évasions.

Marche des escortes.

Art. 68. — Il est expressément défendu à l'escorte de s'arrêter pendant le trajet et de permettre aux prisonniers de s'arrêter ou de communiquer avec qui que ce soit. Elle ne se laisse pas rompre par les voitures, évite les quartiers populeux, les foules, et se détourne, s'il est nécessaire, de la voie directe pour prendre les rues les moins fréquentées.

Effectif des escortes. — Cas d'insuffisance.

Art. 69. — Dans aucun cas, les commandants des gardes ou piquets ne commandent pour le service d'escorte plus de la moitié de leur effectif. Pour se conformer à cette règle, ils font faire, s'il est nécessaire, l'opération en plusieurs fois ou au moyen de réquisitions qu'ils sont autorisés à faire dans les postes ou les casernes les plus rapprochés.

Évasion.

Art. 70. — En cas d'évasion, les chefs de poste ou d'escorte sont responsables ;

ils sont tenus de faire immédiatement leur rapport, en spécifiant toutes les circonstances qui se rattachent à l'évasion.

Cas d'alarme, de trouble ou d'attaque.

Art. 71. — En cas d'alarme, les chefs de poste tiennent leur troupe sous les armes. Ils ne laissent jamais de rassemblement ou d'attroupement se former dans les environs du corps de garde ; si, les rassemblements persistant, les chefs constatent des symptômes de troubles sérieux, ils recommandent aux sentinelles d'être alertes, précisent les circonstances dans lesquelles elles doivent se replier sur le poste, et font charger les armes en cas de péril imminent.

Le commandant d'armes, le commissaire de police et les postes voisins sont immédiatement avertis, si les communications le permettent.

En cas d'attaque, le commandant de la garde défend énergiquement son poste par tous les moyens en son pouvoir et jusqu'à la dernière extrémité, en se conformant d'ailleurs, pour cette défense, aux dispositions écrites que le commandant a arrêtées pour chaque poste, en vue des événements de ce genre. Ces dispositions font connaître, conformément à l'article 18, les postes qui doivent se replier sur d'autres suivant des règles déterminées, et les postes qui, destinés au contraire à servir de points d'appui aux troupes de la garnison, doivent être défendus à outrance.

Hors des cas d'attaque, les gardes, piquets ou patrouilles ne peuvent faire usage de leurs armes, en vue du rétablissement de l'ordre, que dans les circonstances et sous les conditions prévues par l'article 169. (Voir page 59.)

Cas d'incendie.

Art. 72. — En cas d'incendie, le chef de poste fait prendre les armes et avertir le poste des sapeurs-pompiers. Il envoie sur les lieux le nombre d'hommes armés dont il peut disposer sans trop s'affaiblir, pour empêcher le désordre et faciliter les premiers secours.

Il avertit sans délai le major de la garnison ou, à son défaut, le commandant d'armes, le commissaire de police et les gardes de police des casernes qui sont à proximité. Si l'incendie éclate dans un bâtiment militaire ou dans le voisinage d'un bâtiment militaire, il fait prévenir le chef du génie. Le major de la garnison informe immédiatement le commandant d'armes.

A l'arrivée des troupes de la garnison, les hommes de garde retournent au poste.

CHAPITRE III.

DEVOIRS DES SENTINELLES.

Alertes des sentinelles.

Art. 86. — Les sentinelles doivent donner l'alerte dans trois circonstances : pour signaler un incendie, lorsque l'ordre est troublé, pour rendre les honneurs.

Lorsqu'une sentinelle aperçoit un incendie, elle crie : « Au feu ! »

Lorsqu'elle entend du bruit, voit commettre un délit ou du désordre, lorsqu'un individu est poursuivi par la clameur publique, etc., elle crie : « A la garde ! » La sentinelle agit de même pour faire arrêter tout individu rôdant autour des établissements militaires, lorsque la consigne en a été donnée par le commandant d'armes. Les cris sont répétés de sentinelle en sentinelle jusqu'au corps de garde ; le chef de poste envoie le sergent ou un caporal avec plusieurs soldats pour arrêter ceux qui troublent l'ordre. Il se conforme aux prescriptions des articles 63, 64 et 65.

Sentinelles pendant la nuit.

Art. 88. — Lorsque, par suite d'une consigne spéciale, les sentinelles ne doivent pas se laisser approcher pendant la nuit, elles crient : « Halte-là ! » d'une voix forte à toutes les personnes qui s'approchent ; si l'on ne s'arrête pas, elles répètent une seconde fois : « Halte-là » Si l'on s'arrête, elles crient : « Qui vive ! » et s'il ne leur est fait une des réponses prévues par les articles 96 et suivants (patrouilles et rondes), elles crient : « Au large ! » pour faire passer du côté opposé à celui qu'elles occupent.

Si, après qu'elles ont crié deux fois : « Halte-là ! » on continue à s'avancer sans leur répondre, elles croisent la baïonnette et empêchent de passer.

Dans les cas d'alarme, de trouble ou d'attaque prévus par l'article 71, et en tout temps pour les sentinelles qui ont reçu l'ordre de charger leurs armes, si l'on continue à s'avancer après le deuxième cri : « Halte-là ! » les sentinelles crient : « Halte-là ou je fais feu ! » Si, malgré cet avertissement, on continue à s'avancer, elles font feu et appellent la garde.

Insultes envers une sentinelle.

Art. 91. — Toute sentinelle insultée par un militaire, quel que soit son grade, ou par tout autre individu, l'arrête ou le fait arrêter sur-le-champ et conduire au poste ; si elle est frappée, elle fait usage de ses armes.

CHAPITRE IV.

DEVOIRS DES PATROUILLES.

Art. 95. — Les patrouilles marchent la baïonnette au canon ; elles parcourent en bon ordre, en silence et à une allure très modérée, le chemin qui leur a été tracé ;

elles ne peuvent s'en écarter que lorsqu'elles entendent du bruit dans les rues voisines ou aperçoivent un incendie. Dans le premier cas, leurs chefs se conforment aux articles 63 et 65 ; dans le second cas, ils les conduisent vers l'incendie pour maintenir l'ordre, après avoir fait avertir le poste le plus voisin. Les patrouilles se retirent quand les troupes de la garnison arrivent.

Les patrouilles arrêtent les militaires qu'elles trouvent sans permission dans les rues après l'appel du soir ou l'heure fixée pour leur rentrée, et toutes les personnes qui commettent des désordres, ou qui contreviennent aux lois ou aux règlements de police. Les uns et les autres sont conduits au corps de garde le plus voisin. Le chef de poste se conforme aux prescriptions de l'article 63.

Les chefs de patrouille s'assurent de la vigilance des sentinelles ; s'ils en trouvent en défaut, ils en préviennent le chef du poste auquel elles appartiennent.

A leur retour, ils rendent compte au chef de leur poste, qui comprend leur rapport dans celui qu'il adresse au major de la garnison.

CHAPITRE V.

DEVOIRS DES OFFICIERS ET SOUS-OFFICIERS DE RONDE.

Art. 101. — Les officiers et les sous-officiers de ronde suivent le terre-plein des ouvrages dans lesquels ils passent, et montent de temps en temps sur le rempart ; ils examinent si les sentinelles sont toutes à leur poste et si elles remplissent leur devoir ; ils ordonnent des punitions, s'il y a lieu ; ils avertissent les chefs de poste des fautes ou des négligences qu'ils ont remarquées et des punitions qu'ils ont ordonnées.

S'ils découvrent des faits contraires au bon ordre, ils en préviennent le chef du poste le plus voisin, pour qu'il prenne des mesures en conséquence, et en font mention dans le rapport écrit (modèle B) qu'ils adressent au major de la garnison le lendemain matin.

Si ce qu'ils découvrent intéresse la sûreté de la place, ils en informent sur-le-champ les postes voisins et vont en rendre compte au major de la garnison.

DEUXIÈME PARTIE.

Extrait du décret du 1er mars 1854 portant règlement sur l'organisation et le service de la gendarmerie.

CHAPITRE PREMIER.

DEVOIRS DE LA GENDARMERIE ENVERS LES MINISTRES.

Art. 77. — Les événements extraordinaires qui doivent donner lieu à des rapports immédiats au Ministre de la guerre, de la part des officiers de gendarmerie de tout grade, sont principalement :

Les vols avec effraction commis par des malfaiteurs, au nombre de plus de deux ;

Les incendies, les inondations et autres sinistres de toute nature et les assassinats ;

Les attaques des voitures publiques, des

courriers, des convois de deniers de l'Etat ou de munitions de guerre ;

L'enlèvement et le pillage des caisses publiques et des magasins militaires ;

Les arrestations d'embaucheurs, d'espions employés à lever le plan des places et du territoire, ou à se procurer des renseignements sur la force et les mouvements des troupes ; la saisie de leur correspondance et de toutes pièces pouvant donner des indices ou fournir des preuves de crimes et de complots attentatoires à la sûreté intérieure ou extérieure de la République ;

Les provocations à la révolte contre le gouvernement ;

Les attroupements séditieux ayant pour objet le pillage des convois de grains ou farine ;

Les émeutes populaires ;

Les découvertes d'ateliers et instruments servant à fabriquer la fausse monnaie ; l'arrestation des faux-monnayeurs ;

Les assassinats tentés ou consommés sur les fonctionnaires publics ;

Les attroupements, armés ou non armés, qualifiés séditieux par les lois ;

Les distributions d'argent, de vin, de

liqueurs enivrantes, et les autres manœuvres tendant à favoriser la désertion ou à empêcher les militaires de rejoindre leurs drapeaux ;

Les attaques dirigées et exécutées contre la force armée chargée des escortes et des transfèrements des prévenus ou condamnés ;

Les rassemblements, excursions et attaques de malfaiteurs réunis et organisés en bandes, dévastant et pillant les propriétés ;

Les découvertes de dépôts d'armes cachées, d'ateliers clandestins de fabrication de poudre, de lettres comminatoires, de signes et mots de ralliement, d'écrits, d'affiches et de placards incendiaires provoquant à la révolte, à la sédition, à l'assassinat et au pillage ;

L'envahissement, avec violence, d'un ou de plusieurs postes télégraphiques, et la destruction, par des individus ameutés, des appareils de télégraphie, soit électrique, soit aérienne ;

La dégradation d'une partie quelconque de la voie d'un chemin de fer commise en réunion séditieuse, avec rébellion ou pillage ;

Et généralement tous les événements qui exigent des mesures promptes et décisives, soit pour prévenir le désordre, soit pour le réprimer.

Art. 78. — Hors ces cas exceptionnels, et à moins d'ordres particuliers, les chefs de légion seuls correspondent avec le Ministre, par l'intermédiaire des commandants de corps d'armée.

En cas d'urgence, les chefs de légion lui rendent compte, le même jour, directement et par voie télégraphique, des événements graves.

ATTRIBUTIONS DU MINISTRE DE L'INTÉRIEUR.

Art. 79. — Les mesures prescrites pour assurer la tranquillité du pays, pour le maintien de l'ordre et pour l'exécution des lois et règlements d'administration publique, émanent du Ministre de l'intérieur.

Il lui appartient de donner des ordres pour la police générale, pour la sûreté de l'Etat et pour le rassemblement des brigades en cas de service extraordinaire.

CHAPITRE II.

RAPPORTS DE LA GENDARMERIE AVEC LES AUTORITÉS LOCALES.

Dispositions préliminaires.

Art. 91. — L'action des autorités civiles, administratives et judiciaires sur la gendarmerie, en ce qui concerne son emploi, ne peut s'exercer que par des réquisitions.

Art. 92. — Les réquisitions sont toujours adressées au commandant de la gendarmerie du lieu où elles doivent recevoir leur exécution, et, en cas de refus, à l'officier sous les ordres duquel est immédiatement placé celui qui n'a pas obtempéré à ces réquisitions.

Elles ne peuvent être données ni exécutées que dans l'arrondissement de celui qui les donne et de celui qui les exécute.

Art. 93. — La main-forte est accordée toutes les fois qu'elle est requise par ceux à qui la loi donne le droit de requérir.

Art. 94. — Les cas où la gendarmerie peut être requise sont tous ceux prévus par les lois et les règlements, ou spécifiés par les ordres particuliers du service.

Art. 95. — Les réquisitions doivent énoncer la loi qui les autorise, le motif, l'ordre, le jugement ou l'acte administratif en vertu duquel elles sont faites.

Art. 96. — Les réquisitions sont faites par écrit, signées, datées, et dans la forme ci-après :

REPUBLIQUE FRANCAISE.

AU NOM DU PEUPLE FRANCAIS,

« Conformément à la loi... en vertu de... (loi, arrêté, règlement), nous requérons le... (grade et lieu de résidence) de commander, faire... se transporter... arrêter, etc..., et qu'il nous fasse part (si c'est un officier) et qu'il nous rende compte (si c'est un sous-officier) de l'exécution de ce qui est par nous requis au nom du peuple français. »

Art. 97. — Les réquisitions ne doivent contenir aucun terme impératif, tel que : « ordonnons, voulons, enjoignons, mandons », etc., ni aucune expression ou formule pouvant porter atteinte à la considération de l'arme et au rang qu'elle occupe parmi les corps de l'armée.

Art. 98. — Lorsque la gendarmerie est légalement requise pour assister l'autorité dans l'exécution d'un acte ou d'une mesure quelconque, elle ne doit être employée que pour assurer l'effet de la réquisition et pour faire cesser, au besoin, les obstacles et empêchements.

Art. 100. — La gendarmerie doit communiquer sans délai aux autorités civiles les renseignements qu'elle reçoit et qui intéressent l'ordre public. Les autorités civiles lui font les communications et réquisitions qu'elles reconnaissent utiles au bien du service.

Ces communications, verbales ou par écrit, sont toujours faites au commandant de la gendarmerie du lieu ou de l'arrondissement. Les autorités ne peuvent s'adresser à l'officier supérieur en grade que dans le cas où elles auraient à se plaindre de retard ou de négligence.

Les communications écrites entre les magistrats, les administrations et la gendarmerie doivent toujours être signées et datées.

Art. 101. — Tout officier ou sous-officier de gendarmerie qui a fait le rapport d'un événement doit rendre compte successivement des opérations qui en sont la suite, ainsi que de leur résultat ; ces comptes rendus doivent toujours rappeler la date du rapport primitif.

RAPPORTS DE LA GENDARMERIE AVEC LES AUTORITÉS ADMINISTRATIVES.

Art. 113. — Si les rapports de service font craindre quelque émeute populaire ou attroupement séditieux, les préfets, après s'être concertés avec l'officier général commandant le département, s'il est présent, et avec l'officier le plus élevé en grade de la gendarmerie en résidence au chef-lieu du département, peuvent requérir la réunion, sur le point menacé, du nombre de brigades nécessaires au rétablissement de l'ordre.

Il en est rendu compte sur-le-champ au Ministre de l'intérieur par le préfet, et au Ministre de la guerre par l'officier général ou par l'officier de gendarmerie.

Art. 114. — Lorsque la tranquillité publique est menacée, les officiers de gendarmerie ne sont point appelés à discuter l'opportunité des mesures que les préfets croient devoir prescrire pour assurer le maintien de l'ordre ; mais il est de leur devoir de désigner les points qui ne peuvent être dégarnis sans danger, et de communiquer à ces fonctionnaires tous les renseignements convenables, tant sur la force effective des brigades et leur formation en détachements, que sur les moyens de suppléer au service de ces brigades pendant leur absence.

Art. 115. — Lorsque les autorités administratives ont adressé leurs réquisitions aux commandants de la gendarmerie, conformément à la loi, elles ne peuvent s'immiscer en aucune manière dans les opérations militaires ordonnées par ces officiers pour l'exécution desdites réquisitions. Les commandants de la force publique sont dès lors seuls chargés de la responsabilité des mesures qu'ils ont cru devoir prendre, et l'autorité civile qui a requis ne peut exiger d'eux que le rapport de ce qui aura été fait en conséquence de sa réquisition.

Art. 117. — Dans les cas urgents, les sous-préfets peuvent requérir des officiers commandant la gendarmerie de leur arrondissement, le rassemblement de plusieurs brigades, à charge d'en informer sur-le-champ le préfet qui, pour les mesures ultérieures, se concerte avec l'officier général et le commandant de la gendarmerie du département, conformément aux prescriptions de l'article 113 ci-dessus.

Art. 118. — Les commissaires de police, dans l'exercice de leurs fonctions, peuvent requérir la gendarmerie, en se conformant aux dispositions des articles 91 et suivants du présent décret.

Art. 119. — Dans aucun cas, ni directement ni indirectement, la gendarmerie ne doit recevoir de missions occultes de nature à lui enlever son caractère véritable.

Son action s'exerce toujours en tenue militaire, ouvertement et sans manœuvres de nature à porter atteinte à la considération de l'arme.

Art. 120. — Les chefs de légion sont tenus de rendre compte au Ministre de la guerre de toute contravention aux dispositions du présent chapitre, notamment en ce qui concerne la régularité des réquisitions.

RAPPORTS DE LA GENDARMERIE AVEC LES AUTORITÉS MILITAIRES.

Art. 121. — Les officiers de gendarmerie sont subordonnés aux généraux commandant les corps d'armée et les subdivisions de région ; ceux qui résident dans les places où il y a un état-major sont aussi subordonnés aux commandants d'armes pour l'ordre qui y est établi.

Art. 122. — La subordination du service s'établit ainsi qu'il suit :

1° Dans l'état de paix, les officiers de gendarmerie sont subordonnés aux commandants d'armes, pour les objets qui concernent le service particulier des places, sans néanmoins être tenus de leur rendre compte du service spécial de la gendarmerie, ni de l'exécution d'ordres autres que ceux qui sont relatifs au service des places et à leur sûreté.

2° Dans l'état de guerre, les officiers de gendarmerie des arrondissements militaires et des places de guerre dépendent, dans l'exercice de leurs fonctions habituelles, des généraux commandant les corps et les subdivisions de région ; ils sont tenus, en outre, de se conformer aux mesures d'ordre et de police qui intéressent la sûreté des places et postes militaires.

3° Dans l'état de siège, toute l'autorité résidant dans les mains du commandant militaire est exercée par lui sur la gendarmerie comme sur les autres corps.

Art. 125. — Dans les places de guerre, les commandants de gendarmerie sont autorisés, pour les cas urgents et extraordinaires, et lorsque les dispositions du service l'exigent, à demander l'ouverture des portes, tant pour leur sortie que pour leur rentrée ; ils s'adressent, à cet effet, aux commandants d'armes.

Les demandes sont toujours faites par écrit, signées, datées et dans la forme suivante :

SERVICE EXTRAORDINAIRE DE LA GENDARMERIE.

Brigade de...

« En exécution de l'ordre (ou de la réquisition) qui nous a été donné par (indiquer ici l'autorité), nous..., commandant la brigade de..., demandons que la porte de... nous soit ouverte à... heure, pour notre service, avec... gendarmes de la brigade sous nos ordres, et qu'elle nous soit pareillement ouverte pour notre rentrée.

« Fait à..., le... 18... »

Les commandants d'armes sont tenus, sous leur responsabilité, de déférer à ces réquisitions.

Art. 126. — Les chefs de légion informent les généraux commandant les corps d'armée des événements extraordinaires qui peuvent donner lieu, de la part de ces généraux, à des dispositions particulières de service.

Ces événements sont :

Les émeutes populaires et attroupements armés ou non armés qualifiés séditieux par la loi ;

Les attaques dirigées ou exécutées contre la force armée;

Les excursions et attaques de malfaiteurs réunis en bande ;

Les arrestations de provocateurs à la désertion, d'embaucheurs ou d'espions employés à lever le plan des places ou à se procurer des renseignements sur la force et le mouvement des troupes ;

Les découvertes de dépôts d'armes et de munitions de guerre ;

Le pillage des magasins militaires ;

Tous délits ou crimes commis par des militaires, ou dont ils seraient soupçonnés d'être les auteurs ou complices ;

Les rixes des militaires entre eux ou avec des individus non militaires, les insultes et voies de fait de la part des militaires envers les citoyens ;

Enfin, ils leur doivent communication de tout ce qui pourrait intéresser l'ordre et la tranquillité publique.

Les mêmes rapports sont faits aux généraux commandant les subdivisions de région ou les départements par les commandants de compagnie, qui sont, en outre, tenus de leur adresser journellement l'état des arrestations militaires dont la connaissance leur est parvenue par la correspondance des brigades, ainsi que le résultat de la surveillance exercée par la gendarmerie sur les troupes en marche dans toute l'étendue de leur commandement.

Art. 127. — Les officiers de gendarmerie en résidence dans les places où il y a un état-major font connaître au commandant d'armes les événements qui sont de nature à compromettre la sûreté de la place et celle des postes militaires qui en dépendent.

Art. 129. — Dans tous les cas prévus par les articles 113 et 114 du présent décret, si le maintien ou le rétablissement de l'ordre ne peut être assuré qu'en déployant une plus grande force sur les points menacés, les généraux commandant les corps d'armée et les subdivisions de région, indépendamment de l'emploi des troupes de ligne, peuvent ordonner, sur la réquisition des préfets, la formation des détachements de gendarmerie qu'exigent les besoins du service.

Ces détachements peuvent être composés d'hommes pris dans les compagnies limitrophes et faisant partie du même corps d'armée ; mais, à moins d'ordres formels du Ministre de la guerre, concertés avec le Ministre de l'intérieur, les officiers généraux ne peuvent rassembler la totalité des brigades d'une compagnie pour les porter d'un département dans un autre.

Ils préviennent de ces mouvements les préfets des départements respectifs.

Art. 130. — Les ordres que, dans les cas ci-dessus spécifiés, les généraux commandants de corps d'armée et de subdivisions de région ont à donner aux officiers de gendarmerie, leur sont adressés directement et par écrit.

Art. 131. — Toutes les fois qu'un ordre adressé par ces généraux à un officier de gendarmerie paraît à celui-ci de nature à compromettre le service auquel ses subordonnés sont spécialement affectés, il est autorisé à faire des représentations motivées. Si le général croit devoir maintenir son ordre, l'officier de gendarmerie est tenu de l'exécuter, mais il en rend compte au Ministre de la guerre.

Art. 135. — Les commandants des corps de troupe ne peuvent s'immiscer en aucune façon dans le service de la gendarmerie.

Art. 136. — Si les officiers de gendarmerie reconnaissent qu'une force supplétive leur est nécessaire pour dissoudre un rassemblement séditieux, réprimer des délits, transférer un nombre trop considérable de prisonniers, pour assurer enfin l'exécution des réquisitions de l'autorité civile, ils en préviennent sur-le-champ les préfets et les sous-préfets, lesquels requièrent soit le commandant du département, soit le commandant d'armes, de faire appuyer l'action de la gendarmerie par un nombre suffisant de militaires des autres armes.

Les demandes des officiers de gendarmerie contiennent l'extrait de l'ordre ou de la réquisition, et les motifs pour lesquels la main-forte est réclamée.

Art. 137. — Dans les cas urgents, les officiers et sous-officiers de gendarmerie peuvent requérir « directement » l'assistance de la troupe, qui est tenue de déférer à leurs réquisitions et de leur prêter main-forte. Ils se conforment, pour ce service, aux dispositions du deuxième paragraphe de l'article précédent (1).

Art. 138. — Lorsqu'un détachement de

---

(1) Tout militaire en activité de service ou en congé est tenu de prêter main-forte aux agents de la force publique, conformément aux articles 106 du Code d'instruction criminelle et 475 du Code pénal.

Tout militaire en uniforme doit prêter spontanément main-forte, même au péril de sa vie, à la gendarmerie et aux autres agents de l'autorité. (Décret sur le service des places.)

troupes est appelé à agir de concert avec la gendarmerie, le commandement appartient à l'officier des deux troupes le plus élevé en grade ou le plus ancien dans le grade.

Si le chef du détachement prend le commandement, il est obligé de se conformer aux réquisitions qui lui sont faites par écrit par l'officier de gendarmerie, lequel demeure responsable de l'exécution de son mandat lorsque l'officier auxiliaire s'est conformé à sa réquisition.

TROISIÈME PARTIE.

Mesures à prendre en cas de troubles.

(Extrait du décret du 4 octobre 1891.)

Troupes consignées dans la place ou dans les casernes.

Art. 113. — Lorsque les circonstances l'exigent, le commandant d'armes peut, de sa propre autorité ou sur la demande des chefs de corps, consigner dans l'intérieur de la place ou de la ville les troupes ou une partie des troupes de la garnison.

Dans des circonstances graves, le commandant peut consigner dans les casernes la totalité ou une partie des troupes de la garnison. Les chefs de corps et de détachement ont le même droit pour leurs troupes ; ils préviennent sur-le-champ le commandant d'armes et lui font connaître leurs motifs.

Le commandant d'armes rend toujours compte de ces consignes, par la voie hiérarchique, au commandant de la région territoriale ; hors le cas d'urgente nécessité, elles ne peuvent, sans l'autorisation de ce dernier, être prolongées au delà de vingt-quatre heures.

Prises d'armes inopinées.

Art. 114. — Lorsque, par ordre du commandant d'armes, un corps doit, pendant le jour, prendre les armes ou monter à cheval seul et à l'improviste, le chef de corps fait battre ou sonner la marche particulière au régiment ou sonner le boute-selle précédé du refrain ; les trompettes, les tambours ou les clairons parcourent les différents quartiers de la ville. De nuit, le rassemblement a lieu sans bruit de caisse ou de clairon, ni de trompette. Les officiers sont immédiatement prévenus dans leurs logements.

Il est toujours rendu compte de ces prises d'armes au commandant de la région territoriale.

Cas d'alarme.

Art. 116. — L'alarme, de quelque nature qu'elle soit, est annoncée par la générale.

Toute troupe arrivant dans une place, soit qu'elle doive y séjourner, soit qu'elle ne fasse qu'y passer, reçoit du commandant d'armes des instructions relatives au rôle qu'elle doit remplir et aux postes qu'elle doit occuper en cas d'alarme.

A la générale, les officiers, les sous-officiers et les soldats sont tenus de se réunir sur-le-champ au corps dont ils font partie.

Chaque corps est formé immédiatement et conduit, en armes, à l'emplacement qu'il doit occuper.

De la générale.

Art. 170. — L'autorité militaire seule peut faire battre ou sonner la générale ; elle avertit toujours l'autorité civile.

DES RÉQUISITIONS DE TROUPES.

Période préparatoire.

Dans toutes les circonstances qui intéresseront la police, l'ordre, la tranquillité intérieure des places, et où la participation des troupes serait jugée nécessaire, le commandant militaire n'agira que d'après la réquisition par écrit des officiers civils, et, autant que faire se pourra, qu'après s'être concerté avec eux. (Art. 16 de la loi du 10 juillet 1791.)

En conséquence, lorsqu'il s'agira, soit de dispositions passagères, soit de mesures de précaution permanentes, telles que patrouilles régulières, détachements pour le maintien de l'ordre et de l'exécution des lois, police des foires, marchés ou autres lieux publics, etc., les officiers civils remettront au commandant militaire une réquisition signée d'eux, dont les divers objets seront clairement expliqués et détaillés, et dans laquelle ils désigneront l'étendue de surveillance qu'ils croiront nécessaire (1) ; après quoi l'exécution de ces dispositions et toutes mesures capables de la procurer, telles que consignes, placement des sentinelles, bivouacs, conduite et direction des patrouil-

(1) Une circulaire du Ministre de l'Intérieur, en date du 24 décembre 1880, rappelle les autorités civiles à la stricte exécution de ces prescriptions.

les, emplacement des gardes et des détachements, choix des troupes et des armes, et tous autres modes d'exécution, seront laissées à la discrétion du commandant militaire, qui en sera responsable, jusqu'à ce qu'il lui ait été notifié par les officiers civils que ces soins ne sont plus nécessaires, ou qu'ils doivent prendre une autre direction. (Art. 17 de la loi du 10 juillet 1791.)

L'autorité militaire obtempère aux réquisitions de l'autorité civile pour le maintien et le rétablissement de l'ordre.

(Décret du 4 octobre 1891, art. 167.)

Lorsque l'intervention des troupes est jugée nécessaire pour maintenir l'ordre public et pour assurer l'exécution des lois, l'autorité militaire agit sur la réquisition écrite des autorités compétentes et, autant que possible, après s'être concertée avec elles. Les motifs et l'objet de la réquisition doivent être clairement exprimés.

Le choix et l'exécution des mesures à prendre appartiennent exclusivement à l'autorité militaire, dont la responsabilité à cet égard reste entière.

Les troupes disponibles seules peuvent être requises.

L'autorité militaire ne doit obtempérer aux réquisitions qu'avec les troupes disponibles, et l'on ne doit pas considérer comme disponibles celles qui ont à exécuter des ordres donnés par le Ministre de la guerre. (Circ. du 10 mai 1848.)

Les réquisitions sont faites au chef commandant en chaque lieu (commandant d'armes). (Art. 21 de la loi du 3 août 1791.)

Les réquisitions sont faites par écrit et dans la forme suivante (1) (art. 22, même loi) :

« Nous... requérons en vertu de la loi, N..., commandant, etc., de prêter le secours de troupes de ligne ou de la gendarmerie nationale, pour prévenir ou dissiper les attroupements, etc.

« Pour la garantie dudit commandant, nous apposons notre signature.

« A..., le... 19... »

Signature :

---

(1) Voir page 17 l'énumération des fonctionnaires qui ont le droit de requérir.

Dans les cas urgents, les autorités administratives et judiciaires peuvent employer exceptionnellement le télégraphe pour requérir, mais il doit être mentionné dans la dépêche télégraphique qu'elle va être immédiatement suivie d'une réquisition écrite. (Circ. du 30 octobre 1880.)

Entente préalable entre les autorités civiles et militaires.

L'autorité militaire ne doit pas être surprise par une réquisition. A cet effet, il faut qu'elle reçoive du fonctionnaire civil responsable du maintien de l'ordre un premier avis dès que la tranquillité publique paraît menacée, et que, si la situation s'aggrave, de nouveaux renseignements mettent le commandant de la force armée à même de se préparer à intervenir, soit par des mesures de précaution, soit par des manœuvres qui paralysent l'émeute, de sorte qu'au moment où il devra agir sous sa responsabilité, son action soit prompte et efficace. (Dép. minist. du 21 juin 1869. Cabinet du Ministre, Correspondance générale.)

En cas d'urgence, les commandants

d'armes, les généraux de brigade, les généraux de division, doivent satisfaire aux réquisitions directes de l'autorité civile, sans qu'il y ait lieu d'attendre le résultat de l'entente préalable qui doit s'établir entre le préfet et le général commandant le corps d'armée. (Dép. du 23 février et du 30 août 1893. Cabinet. Correspondance générale.)

MESURES D'EXÉCUTION.

Déplacements de troupes (1).

Les mouvements de troupes nécessités par les réquisitions s'exécutent, savoir :

Sur l'ordre du Ministre de la guerre

---

(1) En principe, les corps de troupes ou fractions de corps, les brigades et les divisions qui font partie de la composition normale d'un corps d'armée et se trouvent détachés sur le territoire d'un autre corps d'armée ou dans les gouvernements militaires de Paris et de Lyon, relèvent, au point de vue de la discipline générale, du service et des mesures d'ordre public, du commandant du corps d'armée ou du gouverneur militaire dans le commandement duquel elles sont stationnées. (Inst. du 12 avril 1899, chapitre préliminaire, § III.)

s'il s'agit de corps ou de détachements à envoyer en dehors de la région, par voie de terre ou par voie ferrée ;

Sur l'ordre du général commandant le corps d'armée dans tous les autres cas.

Toutefois, comme il importe de satisfaire d'urgence aux réquisitions régulièrement adressées par l'autorité civile (dép. des 23 février et 30 août 1893, résumées plus haut), il appartient aux généraux commandant les corps d'armée de déléguer, à l'avance, aux officiers généraux et aux commandants d'armes placés sous leurs ordres, et dans les limites qu'ils jugent nécessaires, le droit d'ordonner tous mouvements de troupes, soit par voie de terre, soit par voie ferrée. Dans ce dernier cas, il y a lieu de viser l'article 6 du règlement du 18 novembre 1889 sur les transports ordinaires.

Ces délégations de pouvoirs doivent figurer sur les consignes établies pour chaque place de la région.

Dispositions à prendre par les troupes lorsqu'elles se trouvent en présence d'un attroupement.

Une dépêche ministérielle du 20 avril

1893 (Cabinet. Correspondance générale) contient les dispositions suivantes, auxquelles les autorités militaires, aux différents degrés de la hiérarchie, doivent se conformer le cas échéant :

1° Les gouverneurs militaires et les commandants de corps d'armée, ainsi que les officiers généraux sous leurs ordres, devront être présents à leur poste et se tenir prêts à seconder de tout leur pouvoir les autorités civiles.

2° Les troupes qui seront requises, conformément aux lois et règlements en vigueur, par les autorités civiles ou la gendarmerie, devront avoir pour règle de se renfermer exactement dans le mandat qui sera tracé par les réquisitions. Elles apporteront, dans l'accomplissement de leur tâche, autant de sang-froid que de fermeté. Le chef placé à leur tête ne perdra jamais de vue que, si force doit rester à la loi, en toute circonstance, il importe essentiellement d'éviter une collision avec les populations.

3° Les commandants des troupes ne doivent accepter que des cantonnements suffisamment resserrés et à l'abri d'une surprise. Il conviendra d'empêcher, autant que possible, les relations entre la troupe et les populations, et notamment d'interdire aux militaires de tous grades l'entrée des lieux publics fréquentés par les manifestants, ainsi que toute acceptation d'invitation chez les habitants.

4° Il faut éviter d'envoyer des détachements de faible effectif au milieu de masses considérables de population. Il est toujours préférable, lorsque les circonstances le permettent, de faire intervenir la cavalerie plutôt que l'infanterie. Il est désirable, partout où cela est possible, que la troupe soit précédée par la gendarmerie.

5° Lorsqu'un conflit est à prévoir, par suite de l'état de surexcitation des esprits, il est indispensable qu'un représentant de l'autorité civile se tienne avec la troupe pour faire, s'il y a lieu, les sommations prescrites par la loi. Si les attroupements deviennent menaçants et qu'aucun représentant de l'autorité civile ne soit sur les lieux, le chef du détachement doit immédiatement aviser l'autorité civile la plus voisine, et à défaut la gendarmerie.

6° Chaque détachement doit, en principe, être commandé par un officier et être pourvu au moins d'un tambour ou d'un clairon. Le plus grand soin doit être apporté dans la constitution du commandement des troupes détachées, de manière que l'unité de commandement soit toujours assurée et que les chefs appelés à exercer le commandement soient choisis de manière à remplir les conditions de tact, de sang-froid et d'énergie nécessaires.

7° « La troupe ne peut faire usage de ses armes qu'après que les sommations légales ont été accomplies. » Il n'y a d'exception à cette règle que dans les deux cas suivants, de force majeure, prévus par l'article 25 de la loi du 3 août 1791 :

A) Si des violences ou voies de fait étaient exercées contre la troupe elle-même, de telle sorte qu'elle eût à pourvoir à sa propre sécurité ;

B) Si elle ne pouvait défendre autrement le terrain qu'elle occupe ou les postes dont elle est chargée.

Même dans ces deux cas, le chef du détachement doit, à moins que la soudaineté de l'attaque lui en enlève le moyen, avertir les assaillants, soit par un ou plusieurs roulements de tambour, soit par une ou plusieurs sonneries de : « Garde à vous ! », soit par des avis répétés à haute voix, que l'emploi des armes va être ordonné. Avant d'agir, il laissera s'écouler autant de temps que le permet la sécurité de sa troupe ou la conservation des postes confiés à son honneur militaire.

8° Il est de toute nécessité de maintenir les groupes de manifestants à une certaine distance de la troupe, au moyen d'un cordon de sentinelles qui repousseront tout acte de violence ou toute tentative faite pour leur enlever leurs armes. Si ces sentinelles venaient à être forcées, le chef du détachement fera entendre aussitôt les avertissements prévus ci-dessus.

Cas où les troupes doivent faire usage de leurs armes. — Sommations.

(Décret du 4 octobre 1891, art. 169.)

En cas de troubles et en dehors des circonstances, spécifiées ci-dessus § 7°, dans lesquelles les troupes sont l'objet d'une agression et doivent se défendre par tous les moyens possibles, elles ne peuvent faire usage de leurs armes pour le rétablissement de l'ordre que dans les conditions ci après déterminées par la loi du 7 juin 1848 :

Lorsqu'un attroupement s'est formé sur la voie publique, le maire ou l'un de ses adjoints, à leur défaut le commissaire de police ou tout autre agent ou dépositaire de la force publique, revêtu de l'écharpe tricolore, se rend sur les lieux de l'attroupement.

Un roulement de tambour ou une sonnerie de clairon annonce l'arrivée du magistrat.

I. — Attroupement armé.

Aux termes de la loi du 7 juin 1848, l'attroupement est armé : 1° quand plusieurs des individus qui le composent sont porteurs d'armes apparentes ou cachées (1) ; 2° lorsqu'un seul de ces individus, porteur d'armes apparentes, n'est pas immédiatement expulsé de l'attrou-

(1) Lorsque des individus sont porteurs de pierres, il y a rébellion avec armes. (Arrêt de la Cour de cassation du 30 avril 1824.)

pement par ceux-là mêmes qui en font partie.

Si l'attroupement est armé, le magistrat lui fait sommation de se dissoudre et de se retirer (1).

Si cette première sommation reste sans effet, une seconde sommation, précédée d'un roulement de tambour ou d'une sonnerie de clairon, est faite par le magistrat.

En cas de résistance, l'attroupement est dissipé par la force

II. — Attroupement non armé.

Si l'attroupement est sans armes, le magistrat, après le premier roulement de tambour ou la première sonnerie de clairon, exhorte les citoyens à se disperser ; s'ils ne se retirent pas, trois sommations sont successivement faites.

En cas de résistance, l'attroupement est dissipé par la force.

---

(1) Si la place était en état de siège, les pouvoirs dont l'autorité civile est revêtue pour le maintien de l'ordre passant tout entiers à l'autorité militaire, le commandant des troupes devrait faire lui-même les sommations.

Cas où il serait impossible de faire la seconde ou la troisième sommation.

Dans le cas où, après une première ou une seconde sommation, il ne serait pas possible de faire la seconde ou la troisième, si les personnes attroupées ne se retirent pas paisiblement, et même s'il en reste plus de quinze rassemblées, en état de résistance, la force des armes est à l'instant déployée contre les séditieux, sans aucune responsabilité des événements, et ceux qui pourront être saisis ensuite seront livrés aux officiers de police pour être jugés et punis selon la rigueur des lois. (Art. 27 de la loi du 3 août 1791.)

QUATRIÈME PARTIE.

LOIS EN VIGUEUR RELATIVES AUX ATTROUPEMENTS ET A L'ÉTAT DE SIÈGE.

(*Textes officiels.*)

I. — Attroupements.

N° 1. *Décret-loi du* 3 *août* 1791.

L'Assemblée nationale, considérant que la liberté consiste uniquement à pouvoir faire ce qui ne nuit pas aux droits d'autrui, et à se soumettre à la loi ; que tout citoyen, appelé ou saisi en vertu de la loi, doit obéir à l'instant, et se rend coupable par la résistance ; que les propriétés donnent un droit inviolable et sacré ; qu'enfin la garantie des droits de l'homme et du citoyen nécessite une force publique, décrète ce qui suit touchant l'emploi et l'action de cette force dans l'intérieur du royaume.

. . . .

IX. — Sera réputé attroupement séditieux et puni comme tel, tout rassemblement de plus de quinze personnes s'opposant à l'exécution d'une loi, d'une contrainte ou d'un jugement.

XX. — Aucun corps ou détachement de troupes de ligne ne pourra agir dans l'intérieur du royaume sans une réquisition légale, sous les peines établies par les lois.

XXI. — Les réquisitions seront faites aux chefs commandant en chaque lieu, et lues à la troupe assemblée.

XXII. — Les réquisitions adressées aux commandants, soit des troupes de ligne, soit des gardes nationales, soit de la gendarmerie nationale, seront faites par écrit et dans la forme suivante :

« Nous..., requérons en vertu de la loi, N..., commandant, etc., de prêter le secours de troupes de ligne, ou de la gendarmerie nationale, ou de la garde nationale, nécessaire pour repousser les brigands, etc., prévenir ou dissiper les attroupements, etc., ou pour assurer le payement de..., etc., ou pour procurer l'exécution de tel jugement ou telle ordonnance de police, etc.

« Pour la garantie dudit ou desdits commandants, nous apposons notre signature. »

XXIII. — L'exécution des dispositions militaires appartiendra ensuite aux commandants des troupes de ligne, conformément à ce qui est réglé par l'article XVII du titre III du décret sur le service des troupes dans les places et sur les rapports des pouvoirs civils et de l'autorité militaire, et par la loi qui détermine le mode du service simultané des gardes nationales et des troupes de ligne. S'il s'agit de faire sortir les troupes de ligne du lieu où elles se trouvent, la détermination du nombre est abandonnée à l'officier commandant, sous sa responsabilité.

XXV. — Les dépositaires des forces publiques appelés, soit pour assurer l'exécution de la loi, des jugements et ordonnances, ou mandements de justice ou de police, soit pour dissiper les émeutes populaires et attroupements séditieux, et saisir les chefs, auteurs et instigateurs de l'émeute ou de la sédition, ne pourront déployer la force des armes que dans trois cas :

Le premier, si des violences ou voies de fait étaient exercées contre eux-mêmes ;

Le second, s'ils ne pouvaient défendre autrement le terrain qu'ils occuperaient, ou les postes dont ils seraient chargés ;

Le troisième, s'ils y étaient expressément autorisés par un officier civil ; et dans ce troisième cas, après les formules prescrites par les deux articles suivants :

XXVI. — Si, par les progrès d'un attroupement ou émeute populaire, ou par toute autre cause, l'usage rigoureux de la force devient nécessaire, un officier civil, soit juge de paix, soit officier municipal, procureur de la commune ou commissaire de police, soit administrateur de district ou de département, soit procureur-syndic ou procureur général-syndic, se présentera sur les lieux de l'attroupement ou du délit, prononcera à haute voix ces mots : « Obéissance à la loi : on va faire usage de la force ; que les bons citoyens se retirent. » Le tambour battra un ban avant chaque sommation.

XXVII. — Après cette sommation trois fois réitérée, et même dans le cas où, après une première ou seconde sommation, il ne serait pas possible de faire la seconde ou la troisième, si les personnes attroupées ne se retirent pas paisiblement, et même s'il en reste plus de quinze rassemblées en état de résistance, la force des armes sera à l'instant déployée contre les séditieux, sans aucune responsabilité des événements ; et ceux qui pourraient être saisis ensuite seront livrés aux officiers de police, pour être jugés et punis selon la rigueur de la loi.

N° 2. *Loi du 7 juin 1848.*

La Commission du Pouvoir exécutif a proposé, l'Assemblée nationale a adopté, la Commission du Pouvoir exécutif promulgue le décret dont la teneur suit :

Art. 1er. — Tout attroupement armé formé sur la voie publique est interdit.

Est également interdit, sur la voie publique, tout attroupement non armé qui pourrait troubler la tranquillité publique.

Art. 2. — L'attroupement est armé : 1° quand plusieurs des individus qui le composent sont porteurs d'armes apparentes ou cachées ; 2° lorsqu'un seul de ces individus, porteur d'armes apparentes, n'est pas immédiatement expulsé de l'attroupement par ceux-là mêmes qui en font partie.

Art. 3. — Lorsqu'un attroupement armé ou non armé se sera formé sur la voie publique, le maire ou l'un de ses adjoints, à leur défaut le commissaire de police ou tout autre agent ou dépositaire de la force publique et du pouvoir exécutif, portant l'écharpe tricolore, se rendra sur le lieu de l'attroupement.

Un roulement de tambour annoncera l'arrivée du magistrat.

Si l'attroupement est armé, le magistrat lui fera sommation de se dissoudre et de se retirer.

Cette première sommation restant sans effet, une seconde sommation, précédée d'un roulement de tambour, sera faite par le magistrat.

En cas de résistance, l'attroupement sera dissipé par la force.

Si l'attroupement est sans armes, le magistrat, après le premier roulement de tambour, exhortera les citoyens à se disperser. S'ils ne se retirent pas, trois sommations seront successivement faites.

En cas de résistance, l'attroupement sera dissipé par la force.

Art. 4. — Quiconque aura fait partie d'un rassemblement armé sera puni comme suit :

Si l'attroupement s'est dissipé après la première sommation et sans faire usage de ses armes, la peine sera d'un mois à un an d'emprisonnement.

Si l'attroupement s'est formé pendant la nuit, la peine sera d'un an à trois ans d'emprisonnement.

Néanmoins, il ne sera prononcé aucune peine pour fait d'attroupement contre ceux qui, en ayant fait partie, sans être personnellement armés, se seront retirés sur la première sommation de l'autorité.

Si l'attroupement ne s'est dissipé qu'après la deuxième sommation, mais avant l'emploi de la force, et sans qu'il ait fait usage de ses armes, la peine sera de un à trois ans, et de deux à cinq ans si l'attroupement s'est formé pendant la nuit.

Si l'attroupement ne s'est dissipé que devant la force ou après avoir fait usage de ses armes, la peine sera de cinq à dix ans de détention pour le premier cas, et de cinq à dix ans de réclusion pour le second cas. Si l'attroupement s'est formé pendant la nuit, la peine sera la réclusion.

L'aggravation de peine résultant des circonstances prévues par la disposition du paragraphe 5 qui précède ne sera applicable aux individus non armés faisant partie d'un attroupement réputé armé dans le cas d'armes cachées, que lorsqu'ils auront eu connaissance de la présence dans l'attroupement de plusieurs personnes portant des armes cachées, sauf l'application des peines portées par les autres paragraphes du présent article.

Dans tous les cas prévus par les troisième, quatrième et cinquième paragraphes du présent article, les coupables condamnés à des peines de police correctionnelle pourront être interdits, pendant un an au moins et cinq ans au plus, de tout ou partie des droits mentionnés à l'article 42 du Code pénal.

Art. 5. — Quiconque faisant partie d'un

attroupement non armé ne l'aura pas abandonné après le roulement de tambour précédant la deuxième sommation, sera puni d'un emprisonnement de quinze jours à six mois.

Si l'attroupement n'a pu être dissipé que par la force, la peine sera de six mois à deux ans.

Art. 6. — Toute provocation directe à un attroupement armé ou non armé, par discours proférés publiquement et par des écrits ou des imprimés, affichés ou distribués, sera punie comme le crime et le délit, selon les distinctions ci-dessus établies.

Les imprimeurs, graveurs, lithographes, afficheurs et distributeurs seront punis comme complices lorsqu'ils auront agi sciemment.

Si la provocation faite par les moyens ci-dessus n'a pas été suivie d'effet, elle sera punie, s'il s'agit d'une provocation à un attroupement nocturne et armé, d'un emprisonnement de six mois à un an; s'il s'agit d'un attroupement non armé, l'emprisonnement sera de un mois à trois mois.

Art. 7. — Les poursuites dirigées pour

crime ou délit d'attroupement ne font aucun obstacle à la poursuite pour crimes et délits particuliers qui auraient été commis au milieu des attroupements.

Art. 8. — L'article 463 du Code pénal est applicable aux crimes et délits prévus et punis par la présente loi.

Art. 9. — La mise en liberté provisoire pourra toujours être accordée avec ou sans caution.

Art. 10. — Les poursuites pour délits et crimes d'attroupement seront portées devant la cour d'assises.

Délibéré en séance publique, à Paris, le 7 juin 1848.

Les Président et secrétaires de l'Assemblée nationale,

Signé : SENARD, PEUPIN, ROBERT (des Ardennes), EMILE PÉAN, EDMOND LAFAYETTE, LANDRIN, BÉRARD.

Les Membres de la Commission du Pouvoir exécutif,

Signé : ARAGO, GARNIER-PAGÈS, MARIE, LAMARTINE, LEDRU-ROLLIN.

Le Secrétaire, signé : PAGNERRE.

II. — ÉTAT DE SIÈGE.

N° 1. *Loi sur l'état de siège* (1).

Paris, le 9 août 1849.

Au nom du peuple français, l'Assemblée nationale législative a adopté la loi dont la teneur suit :

(1). . ...

Art. 4. — Dans les colonies françaises, la déclaration de l'état de siège est faite par le gouverneur de la colonie.

Il doit en rendre compte immédiatement au gouvernement.

Art. 5. — Dans les places de guerre et postes militaires, soit de la frontière, soit de l'intérieur, la déclaration de l'état de siège peut être faite par le commandant militaire, dans les cas prévus par la

---

(1) Articles 1er, 2 et 6 abrogés par la loi du 3 avril 1878, ci-après.

loi du 10 juillet 1791 (1) et par le décret du 24 décembre 1811 (2).

Le commandant en rend compte immédiatement au gouvernement.

CHAPITRE III.

DES EFFETS DE L'ETAT DE SIEGE.

Art. 7. — Aussitôt l'état de siège déclaré, les pouvoirs dont l'autorité civile était revêtue pour le maintien de l'ordre et de la police, passent tout entiers à l'autorité militaire.

---

(1) Loi du 10 juillet 1791.

XI. — Les places de guerre et postes militaires seront en état de siège, non seulement dès l'instant que les attaques seront commencées, mais même aussitôt que, par l'effet de leur investissement par des troupes ennemies, les communications du dehors au dedans et du dedans au dehors seront interceptées à la distance de dix-huit cents toises des crêtes des chemins couverts.

XII. — L'état de siège ne cessera que lorsque l'investissement sera rompu, et dans le cas où les attaques n'auraient été commencées qu'après que les travaux des assiégeants auront été détruits, et que les brèches auront été réparées ou mises en état de défense.

(2) Décret abrogé par celui du 4 octobre 1891. Voir notamment le titre V ci-après.

L'autorité civile continue néanmoins à exercer ceux de ces pouvoirs dont l'autorité militaire ne l'a pas dessaisie.

Art. 8. — Les tribunaux militaires peuvent être saisis de la connaissance des crimes et délits contre la sûreté de la République, contre la Constitution, contre l'ordre et la paix publique, quelle que soit la qualité des auteurs principaux et des complices.

Art. 9. — L'autorité militaire a le droit :

1° De faire des perquisitions, de jour et de nuit, dans le domicile des citoyens ;

2° D'éloigner les repris de justice et les individus qui n'ont pas leur domicile dans les lieux soumis à l'état de siège ;

3° D'ordonner la remise des armes et munitions, et de procéder à leur recherche et à leur enlèvement ;

4° D'interdire les publications et les réunions qu'elle juge de nature à exciter ou à entretenir le désordre.

Art. 10. — Dans les lieux énoncés en l'article 5, les effets de l'état de siège continuent en outre, en cas de guerre étrangère, à être déterminés par les dispositions de la loi du 10 juillet 1791 et du décret du 24 décembre 1811 (1).

Art. 11. — Les citoyens continuent, nonobstant l'état de siège, à exercer tous ceux des droits garantis par la Constitution, dont la jouissance n'est pas suspendue en vertu des articles précédents.

CHAPITRE IV.

DE LA LEVEE DE L'ETAT DE SIEGE.

Art. 12. . ...(2)

L'état de siège, déclaré conformément aux articles 4 et 5, peut être levé par le Président de la République, tant qu'il n'a pas été maintenu par l'Assemblée nationale.

L'état de siège, déclaré conformément à l'article 4, pourra être levé par les gouverneurs des colonies, aussitôt qu'ils croiront la tranquillité suffisamment rétablie.

---

(1) Décret abrogé par celui du 4 octobre 1891. Voir notamment le titre V, ci-après.

(2) Deux alinéas abrogés par la loi du 3 avril 1878.

Art.13. — Après la levée de l'état de siège, les tribunaux militaires continuent de connaître des crimes et délits dont la poursuite leur avait été déférée.

Délibéré en séance publique, à Paris, le 9 août 1849.

Le Président et les secrétaires,
Signé : DUPIN, ARNAUD (de l'Ariège), LACAZE, CHAPOT, PEUPIN, HEECKEREN, BÉRARD.

La présente loi sera promulguée et scellée du sceau de l'Etat.

Le Président de la République,
Signé : LOUIS-NAPOLÉON BONAPARTE.

Le Garde des sceaux, Ministre de la Justice,
Signé : ODILON BARROT.

N° 2. *Loi relative à l'état de siège.*

Versailles, le 3 avril 1878.

Le Sénat et la Chambre des députés ont adopté, le Président de la République promulgue la loi dont la teneur suit :

Art. 1er. — L'état de siège ne peut être déclaré qu'en cas de péril imminent, résultant d'une guerre étrangère ou d'une insurrection à main armée.

Une loi peut seule déclarer l'état de siège ; cette loi désigne les communes, les arrondissements ou départements auxquels il s'applique. Elle fixe le temps de sa durée. A l'expiration de ce temps, l'état de siège cesse de plein droit, à moins qu'une loi nouvelle n'en prolonge les effets.

Art. 2. — En cas d'ajournement des Chambres, le Président de la République peut déclarer l'état de siège, de l'avis du Conseil des ministres, mais alors les Chambres se réunissent de plein droit, deux jours après.

Art. 3. — En cas de dissolution de la Chambre des députés, et jusqu'à l'accomplissement entier des opérations électorales, l'état de siège ne pourra, même provisoirement, être déclaré par le Président de la République.

Néanmoins, s'il y avait guerre étrangère, le Président, de l'avis du Conseil des ministres, pourrait déclarer l'état de siège dans les territoires menacés par l'ennemi, à la condition de convoquer les collèges électoraux et de réunir les Chambres dans le plus bref délai possible.

Art. 4. — Dans le cas où les communications seraient interrompues avec l'Algérie, le gouverneur pourra déclarer tout ou partie de l'Algérie en état de siège, dans les conditions de la présente loi.

Art. 5. — Dans les cas prévus par les articles 2 et 3, les Chambres, dès qu'elles sont réunies, maintiennent ou lèvent l'état de siège. En cas de dissentiment entre elles, l'état de siège est levé de plein droit.

Art. 6. — Les articles 4 et 5 de la loi du 9 août 1849 sont maintenus, ainsi que les dispositions de ses autres articles non contraires à la présente loi.

La présente loi, délibérée et adoptée par le Sénat et par la Chambre des députés, sera exécutée comme loi de l'Etat.

Fait à Versailles, le 3 avril 1878.

Signé : Mal de MAC-MAHON, duc de MAGENTA.

Par le Président de la République :

Le Président du Conseil, garde des sceaux, ministre de la justice,

Signé : J. DUFAURE.

N° 3. *Extrait du décret du 4 octobre 1891.*

TITRE V.

DE L'ÉTAT DE SIÈGE.

CHAPITRE XXIII.

DECLARATION DE L'ETAT DE SIEGE.

Comment l'état de siège est déclaré.

Art. 189. — L'état de siège d'une place de guerre ou d'un poste militaire est déclaré par une loi ou par un décret, dans les circonstances prévues et sous les conditions édictées par la loi du 3 avril 1878.

Dans les places de guerre et postes militaires, la déclaration de l'état de siège peut être faite par le commandant militaire, conformément à la loi du 10 juillet 1791 et au décret du 24 décembre 1811, dans les cas particuliers suivants :

1° L'investissement de la place ou d'un poste par des troupes ennemies qui interceptent les communications du dehors en dedans et du dedans en dehors ;

2° Attaque de vive force ou par surprise ;

3° Sédition intérieure, de nature à compromettre la sécurité de la place ;

4° Enfin, lorsque des rassemblements armés se sont formés dans un rayon de dix kilomètres sans autorisation.

Le Ministre de la guerre est immédiatement informé.

L'état de siège est levé, suivant le cas, par une loi, par un décret ou par décision du commandant militaire, quand les circonstances qui l'ont fait déclarer ont cessé.

Mesures de défense.

Art 190. — Pendant la durée de l'état de siège, le gouverneur fait occuper tous les terrains, ordonne toutes les démolitions, prescrit toutes les mesures de défense qu'il juge nécessaires pour assurer la conservation de la place.

CHAPITRE XXIV

DU SERVICE ET DE LA POLICE DANS L'ÉTAT DE SIÈGE.

Autorité du gouverneur.

Art. 191. Aussitôt que l'état de siège est déclaré, les pouvoirs dont l'autorité civile était revêtue pour le maintien de l'ordre et de la police passent tout entiers à l'autorité militaire.

L'autorité civile continue néanmoins d'exercer ceux de ces pouvoirs dont l'autorité militaire ne l'a pas dessaisie.

Le gouverneur délègue en conséquence aux magistrats telle partie de ces pouvoirs qu'il juge convenable. En cas de blocus ou d'investissement, il exerce son action sur tout le territoire bloqué ou investi.

En proclamant la déclaration de l'état de siège, il fait connaître que tous les délits dont il ne croit pas devoir saisir les tribunaux ordinaires seront jugés par les tribunaux militaires, quelle que soit la qualité des prévenus.

TABLE DES MATIÈRES

PREMIÈRE PARTIE.

Décret du 4 octobre 1891, sur le service dans les places de guerre et les villes ouvertes.

CHAPITRE PREMIER.

Pages.

Du commandement 5
- Dispositions générales 5
- Service de garnison. — Par qui dirigé.. 6
- Commandement provisoire 7

Commandant d'armes 8
- Attributions du commandant d'armes... 8
- Instructions écrites pour le cas de troubles intérieurs 9
- Adjudants de la garnison 10

Rapports du commandant d'armes avec les autorités militaires 11
- Rapports avec le général commandant le territoire 11

Rapports du commandant d'armes avec les autorités civiles 11
- Relations entre les différentes autorités. 11
- Police civile 12
- Mesures communes à la police civile et à la police militaire 13

CHAPITRE II.

Pages.

Service des gardes dans leurs postes........ 13
Service du chef de poste............... 13
Maintien de l'ordre public. Informations à prendre. Réquisitions. Arrestations. 14
Responsabilité du chef de poste quant au maintien de l'ordre public......... 17
Rixes et querelles des militaires dans l'intérieur des établissements publics et des établissements particuliers..... 18
Règles pour faire conduire des personnes arrêtées ou faire escorter des prisonniers.............................. 19
Dispositions militaires à prendre par les escortes........................ 20
Marche des escortes.................. 21
Effectif des escortes. Cas d'insuffisance... 21
Evasion.............................. 21
Cas d'alarme, de trouble ou d'attaque.... 22
Cas d'incendie........................ 23

CHAPITRE III.

Devoirs des sentinelles................... 24
Alertes des sentinelles.................. 24
Sentinelles pendant la nuit............. 25
Insultes envers une sentinelle........... 26

CHAPITRE IV.

Devoirs des patrouilles................... 26

CHAPITRE V.

Pages.

Devoirs des officiers et sous-officiers de ronde 28

DEUXIÈME PARTIE.

Décret du 1er mars 1854 portant règlement sur l'organisation et le service de la gendarmerie.

CHAPITRE PREMIER.

Devoirs de la gendarmerie envers les ministres 29

Attributions du ministre de l'intérieur..... 32

CHAPITRE II.

Rapports de la gendarmerie avec les autorités locales, les autorités administratives et les autorités militaires........................ 33

TROISIÈME PARTIE.

MESURES À PRENDRE EN CAS DE TROUBLES.

Troupes consignées dans la place ou dans les casernes........................ 47

Pages.

Prises d'armes inopinées.................... 48
Cas d'alarme.................... 49
De la générale.................... 49

DES RÉQUISITIONS DE TROUPES.

Période préparatoire.................... 49
Réquisitions auxquelles l'autorité militaire doit obtempérer.................... 51
Les troupes disponibles seules peuvent être requises.................... 52
Entente préalable entre les autorités civiles et militaires.................... 53

Mesures d'exécution.

Déplacements de troupes.................... 54
Dispositions à prendre par les troupes lorsqu'elles sont en présence d'un attroupement.................... 55
Cas où les troupes doivent faire usage de leurs armes. Sommations.................... 59
I. — Attroupement armé.................... 60
II. — Attroupement non armé.................... 62
Cas où il serait impossible de faire la seconde ou la troisième sommation.................... 62

QUATRIÈME PARTIE.

LOIS EN VIGUEUR RELATIVES AUX ATTROUPEMENTS ET A L'ÉTAT DE SIÈGE.

I. — *Attroupements.*

Pages.
Nº 1. Décret-loi du 3 août 1791............. 63
Nº 2. Loi du 7 juin 1848..................... 67

II. — *État de siège.*

Nº 1. Loi du 9 août 1849..................... 73
Nº 2. Loi du 3 avril 1878................. ... 77
Nº 3. Extrait du décret du 4 octobre 1891... 80

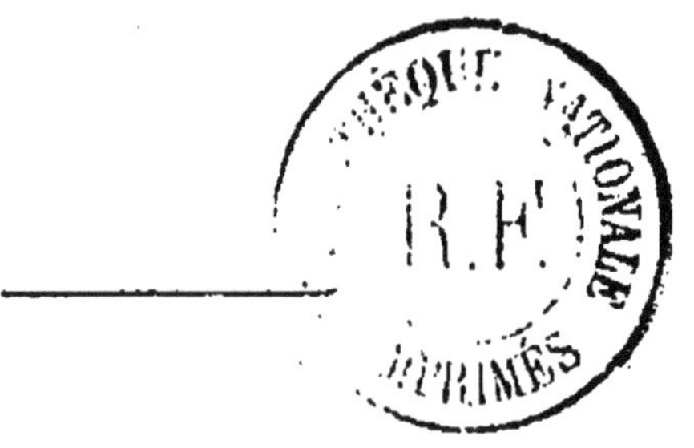

Paris et Limoges. — Imp. milit. Henri CHARLES-LAVAUZELLE.

www.ingramcontent.com/pod-product-compliance
Ingram Content Group UK Ltd.
Pitfield, Milton Keynes, MK11 3LW, UK
UKHW021228230726
13926UKWH00003B/1310